Der Rhein
in frühen Fotos
von Francis Frith

RMV

RHEIN-MOSEL-VERLAG
Briedel/Mosel
Römerstraße 6 D-56867 Briedel
Tel. 06542/5151 Fax 06542/61158

ISBN 3-929745-34-8

Druck: Westermann-Druck, Zwickau

Der Rhein
in frühen Fotos

fotografiert von Francis Frith im Jahre 1863

zusammengestellt und neu fotografiert von
David Swindell

Bildunterschriften: Arne Houben

Inhaltsverzeichnis

Einer der ersten Landschaftsfotografen am Rhein:

Francis Frith (1822 - 1898)

Im Jahre 1863 zog eine sonderbare Gesellschaft von Engländern durch das schon damals bei Touristen sehr beliebte Rheintal. Schwer bepackt mit Dunkelkammerzelt und Chemikalien, mit Bergen von Glasplatten, mit Stativen und großen Balgenkameras zogen sie vom Siebengebirge bis Bacharach und fotografierten die schönsten Plätze des Mittelrheins. Geleitet wurde die Reisegruppe von einem der erfolgreichsten Fotografen des vorigen Jahrhunderts, von Francis Frith.

Francis Frith wurde 1822 in Chesterfield, Derbyshire, als Sohn einer Quäker-Familie geboren, die seit vielen Generationen in der Gegend lebte. Mit 23 Jahren wurde er Gesellschafter bei einem Lebensmittelgroßhändler in Liverpool. Er war ein unwilliger, aber erfolgreicher Geschäftsmann, und als er mit 34 Jahren die zweite Firma, einen Verlag, den er in Liverpool gegründet hatte, verkaufte, setzte er sich zur Ruhe und genoß das Leben eines Privatiers in London.

Er konnte aber nicht lange müßig bleiben, und so trat er im Jahre 1856 die erste von drei Reisen nach Ägypten und dem Nahen Osten mit seiner Kamera an. 1853 war er Mitgründer des Liverpool Photographic Society gewesen. Drei Jahre später hatte er eine Ausstellung bei der Photographic Society in London. Seine Fotografien des Nahen Ostens, die ihn berühmt machten, wurden als Stereokarten von ›Negretti and Zambra‹ veröffentlicht. Einzelne Großplatten-Fotografien wurden später von ›Agnew & Son‹ herausgegeben, während James S. Virtue auch Alben der Fotografien produzierte. Alle diese Arbeiten verkauften sich sehr gut, und für eine Generation von Viktorianern wurden diese Fotos zum bleibenden Bild von Ägypten und dem Heiligen Land.

Im Jahre 1859 gründete er die Firma ›Frith & Co‹ in Reigate, Surrey, verliebte sich in Mary Anne Rosling und trat noch eine letzte Reise in den Nahen Osten an. Bei seiner Rückkehr im folgenden Jahr heiratete er seine Liebste, die fünfzehn Jahre jünger war als er, und ließ sich mit dem Fotografiebetrieb nieder. Schon sechs Jahre nach der Gründung war ›Frith & Co‹ die größte fotografische Firma der Welt. Auch privat war Francis Frith erfolgreich: mit seiner Frau hatte er acht Kinder.

Bei seinem Ausscheiden 1885 übernahm sein Sohn Eustace die Leitung der Firma, und Francis beschäftigte sich mit Philosophie, Poesie und Malerei. Er verbrachte den Winter aus Gesundheitsgründen in Südfrankreich. Dort starb er im Jahre 1898 mit 76 Jahren und wurde in Cannes begraben. Die Firma ›Frith & Co‹ blieb bis 1971 bestehen.

Fotograf in den 60er Jahren des vorigen Jahrhunderts. Statt einer Dunkelkammer-Lampe hat das Zelt ein Bullauge aus rotem Glas.

Frith fuhr 1863 mit seiner jungen Frau Mary Anne an den Rhein. Dazu nahm er mehrere Angestellte der Firma ›Frith & Co‹ mit, um die fotografische Ausrüstung transportieren zu können. Er benutzte zwei Mahagoni- Kameras auf schweren Stativen, und man weiß, daß er Platten der Größe 8 in x 12 in (20 cm x 30.5 cm) und 8 in x 6 in (20 cm x 15 cm) benutzte. Er nahm viele Kisten dieser zerbrechlichen Platten mit, sowie die Chemikalien für den Naß-Kollodium-Prozeß und seine Dunkelkammer. Die Belichtungszeiten lagen zwischen 5 bis 20 Sekunden bei Tageslicht, eine Verbesserung gegenüber den minutenlangen Zeiten der frühesten Daguerrotypien und Kalotypien, aber man brauchte für Innenaufnahmen immer noch mehrere Minuten.

Die Platten mußten in nassem Zustand belichtet und dann sofort entwickelt werden. Deshalb stellten die Frith's das Dunkelkammerzelt immer an Ort und Stelle auf. Die Plattenvorbereitung und Belichtung mußten zügig ablaufen, weil bei heißem Klima das Kollodium oft zu schnell trocknete. Am Rhein war das kein Problem, aber auf seinen Expeditionen in Ägypten waren die Platten manchmal so heiß, daß die Chemikalien verdampften, sobald sie mit dem Glas in Berührung kamen.

Die Platten wurden nach der Entwicklung beschnitten, so daß die Abzüge etwas kleiner als die Original-Aufnahmeplatten ausfielen.

Mary Ann, die Ehefrau von Francis Frith

»Hyperion« und »The gossiping Photographer of the Rhine«

Der eigentliche Hauptzweck der Reise, die Francis Frith mit seinem Team unternahm, war, Illustrationen für eine neue Ausgabe von »Hyperion« zu fotografieren. Diese Erzählung des amerikanischen Autors Henry Wadsworth Longfellow war seinerzeit sehr populär. Sie schildert die – wohl autobiografisch geprägte – Reise eines jungen Mannes entlang des Rheins und in die Schweizer und Österreichischen Alpen. Das Buch erschien 1839 und wurde mehrfach, auch mit Illustrationen, aufgelegt. Aus der Sicht unserer Zeit scheint es sonderbar, zur Illustration eines gefühlvollen Reiseromans anstelle romantischer Zeichnungen Fotos verwenden zu wollen. Aber damals war die Fotografie gerade erfunden worden, und die Möglichkeiten dieses neuen Mediums wurden einerseits noch gar nicht erkannt, andererseits wohl auch überschätzt.

Die ersten fotografisch-illustrierten Bücher waren »The Pencil of Nature« 1844 und »Sun Pictures in Scotland« 1845 von William Henry Fox Talbot, die mit Fox Talbots eigenem, patentierten Kalotypie-Verfahren aufgenommen worden waren. Die seinerzeit sehr verbreitete Daguerrotypie schuf zwar schöne Glasplatten-Unikate, war aber für eine Buchillustration nicht zu gebrauchen. Die Kalotypie, die Papiernegative verwendete, hatte den Nachteil, die Maserung des Papiers zu übertragen. Aber sie gab den Bildern eine warme, weiche Qualität, die an Mezzotinto-Drucke erinnernte.

Francis Frith als junger Gentleman

Das Naß-Kollodium-Verfahren, das im Jahre 1851

erfunden wurde, verbreitete sich schnell, insbesondere, weil der Erfinder Frederick Scott Archer, im Gegensatz zu Daguerre und Fox Talbot, seine Technik nicht patentieren ließ. Aber fotografisch-illustrierte Bücher blieben wegen der Herstellungsmethode rar und teuer. Die Drucktechnik der Zeit konnte den vollen Tonwertumfang von Fotografien nicht wiedergeben. Damals war es üblich, eine Fotografie von Hand in einen Kupfer-, Stahl- oder Holzstich umzusetzen, wobei viele Einzelheiten und vor allem die Graustufen verloren gingen. Die ersten fotografisch illustrierten Bücher enthielten echte Fotografien, d.h. Kontaktabzüge von den Papier- oder Glasnegativen, die auf Kartonblätter oder steifes Papier geklebt wurden. Sogar eine ganze Reihe von romantischen Gedichtbänden sind damals so entstanden. Die Fotografie wurde aber vor allem benutzt, um Gebäude und historische Stätten festzuhalten. Die ersten publizierten Fotografien des Rheins, die Mappe »Les Bords du Rhin« (Die Ufer des Rheins), war eine Sammlung von Kalotypien des Franzosen Charles Marville, die zwischen 1851 und 1853 aufgenommen und 1853 veröffentlicht wurden. Franz Michiels »Album von Köln« wurde ein Jahr später verlegt, und Hermann Emdens »Der Dom zu Mainz und seine bedeutendsten Denkmäler« 1857. Auf den frühen Architektur- und Landschaftsfotos waren selten Menschen zu sehen, was an den extrem langen Belichtungszeiten lag. Doch als Francis Frith 1863 seine Reise an den Rhein machte, waren die Emulsionen schon deutlich verbessert worden. Beim Naß-Kollodium-Verfahren reichten unter guten Tageslicht-Bedingungen 10 Sekunden für eine Aufnahme. So konnten auch Menschen festgehalten werden, wenn auch ab und zu eine schemenhafte Figur auf den Fotos zeigt, daß sich jemand bewegt hatte, während das Bild belichtet wurde.

Im »Hyperion« wurden hauptsächlich Aufnahmen aus Heidelberg, Süddeutschland, der Schweiz und Österreich verwendet. Frith benutzte die am Rhein entstandenen Fotos als Illustrationen für ein weiteres Buch. »The gossiping Photographer of the Rhine« (Der plaudernde Fotograf am Rhein) beschreibt die Reise eines Fotografen und seines Begleiters am Rhein entlang vom Siebengebirge bis Bacharach und enthält knapp zwanzig Fotos von Rheinlandschaften die Frith 1863 aufnahm.

Diese historischen Aufnahmen sind auf den folgenden Seiten abgedruckt und den Ansichten aus unserer Zeit gegenübergestellt.

Oberhalb von Rolandseck hatte Frith seinerzeit den freien Blick über den Rhein auf den Drachenfels und das Siebengebirge. Die frisch gebaute, zweispurige Eisenbahn mit der Landstraße durchschneidet markant das idyllische Bild einer von der Technik noch kaum berührten Landschaft zur Mitte des vorigen Jahrhunderts.[1)]

Heute bedeckt hoher Mischwald den einstigen Aussichtspunkt. Vom nahegelegenen Rolandsbogen aus ergibt sich eine ähnliche Perspektive auf das deutlich mehr bewaldetete Siebengebirge und den »meistbestiegenen« Berg Europas.

Der alte Hafen bei Honnef, durch die auf dem Foto nicht sichtbare Insel Grafenwerth geschützt, hatte seinerzeit durchaus eine wirtschaftliche Bedeutung. Einige Waren liegen ja auch wie zum Abtransport am Ufer. Die Frau im Vordergrund auf dem Feld ist wohl die Gemahlin des Fotografen Francis Frith.

Vom gleichen Standpunkt aus sieht man heute auf die Betonplatten der Hochstraße, die in Bad Honnef über die rechtsrheinische Eisenbahn führt (kleines Bild). Eine ähnliche Perspektive wie das alte Foto bietet der Blick von der Brücke nach Grafenwerth auf den Drachenfels. Aus dem kleinen alten Hafen ist ein großer Jachtliegeplatz geworden.

Dicht mit Weinstöcken bewachsen zeigt sich der Hang unterhalb des Rolandsbogens, von dem Frith 1863 seine Aufnahme machte. Der Blick fällt auf die Insel Nonnenwerth mit dem ehemaligen Kloster und dahinter auf Grafenwerth, die zweite Insel, die zu Honnef gehört und landwirtschaftlich genutzt wurde.

Etwas höher und seitlich versetzt ist der Aussichtspunkt unterhalb des Restaurants am Rolandsbogen, von dem ein Blick über die inzwischen gewachsenen Bäume möglich ist. Nonnenwerth hat sich nicht sehr verändert, Grafenwerth ist inzwischen Park und Freizeitgelände von Bad Honnef, das sich weit am Hang entlang ausgebreitet hat.

Tief im Wasser vor Brohl liegt das dickbauchige Frachtschiff, möglicherweise beladen mit Steinen aus dem Brohltal, wie sie auch im Vordergrund am Ufer zu sehen sind. Die lange Belichtungszeit hat den Fluß zu einem schimmernden Band aus Silber werden lassen, das den Schiffsrumpf wiederspiegelt. Dies ist eines der schönsten Rheinfotos von Francis Frith.

Heute ist alles anders, und doch auch schon wieder Vergangenheit. Die überwucherten Gleise am Hafen haben zwei Spurbreiten: Normalspur für den Bundesbahnanschluß und Schmalspur für die Eisenbahn, die durch das Brohltal bis hinauf nach Kempenich führte und einst die Vulkanprodukte Basalt, Tuff, Traß und Mineralwasser zur Verladung brachte.

So sah Frith Leutesdorf mit seinem Torbogen, der Häuserfront zum Rhein hin und dem Treidelpfad, von dem aus möglicherweise gerade die drei sichtbaren Schiffe rheinaufwärts geschleppt wurden. Auf der anderen Rheinseite ragt neben der Liebfrauenkirche der mächtige Runde Turm in die Höhe und dominiert über die ganze Stadt.[2)]

Auch heute sind die Häuser an der Rheinfront mit dem Torbogen gut zu erkennen. Das Uferland aber ist aufgeschüttet worden, Parkplätze und eine Parkanlage reichen bis zum Fluß und verdecken den Blick über den Rhein. Das kleine Foto zeigt die Aussicht auf Andernach, dessen Runder Turm inzwischen von Bäumen umgeben ist und ein Lagerhaus als Konkurrenz hat.

Fast mittelalterlich wirkt Andernach mit seinen Kirchen und Mauern, seinen dichtgedrängten Häusern und dem mächtigen Wahrzeichen, dem Runden Turm. Schiffe liegen am Rheinufer und das flache Ackerland hinter der Stadt ist noch unbebaut. Vorne rechts aber ist schon ein Symbol der modernen Zeit sichtbar: die neue Eisenbahntrasse.[3)]

Andernach heute: Die Stadt hat sich ausgedehnt, der alte Kern ist kaum noch auszumachen und die Industriebebauung erstreckt sich, soweit das Auge reicht. Große Gebäude sind hinzugekommen und relativieren die Mächtigkeit von Turm und Kirche. Aber auch große Bäume sind in den Randbezirken gewachsen und sorgen für Grün in der Stadt.

Von 1559 bis 1911 war der Andernacher Kran in Betrieb, Francis Frith hat ihn 1863 also noch voll in Aktion erlebt. Mühlsteine, Blöcke aus Tuff und andere roh behauene Steinklötze liegen um den runden Kran herum. Am Ufer warten drei große Frachtschiffe mit hohen Masten. Da es auf dem Rhein keine festen Brücken gab, brauchten sie die Masten nicht umzulegen.

Heutzutage ist der Kran ein Touristensymbol der Stadt Andernach und wohl das meistfotografierte Objekt in der Stadt. Zur Erinnerung und Dekoration liegen auch immer noch einige Mühlsteine um ihn herum, während die Frachtschiffe weiter flußaufwärts beladen werden. Die Parkbäume verdecken fast den Blick auf den Runden Turm im Hintergrund.

Die Festung Ehrenbreitstein galt im vorigen Jahrhundert als Musterbeispiel preußischer Festungsarchitektur. Auch der Koblenzer Stadtteil gleichen Namens war von einer Mauer umgeben. Im Hintergrund ist eine echte Rarität zu sehen: die vollen Segel eines Schiffes, das vor der Koblenzer Häuserfront den Rhein hinauf segelt.[4)]

Heute liegen große Touristendampfer am Koblenzer Ufer und die Silhouette der Stadt gibt sich mit einigen Hochhäusern großstädtisch. Vom Mauerwerk um Ehrenbreitstein ist nicht mehr viel erhalten. Auf der einst uneinehmbar wirkenden Festung macht sich friedlich-zersetzende Vegetation breit.

Ländliche Idylle südlich von Koblenz, nicht weit vom Fort Constantine aus gesehen. Oberwerth ist noch eine unbebaute Insel. Landwirtschaftliche Nutzung mit Äckern und Wiesen, mit Obst- und Weingärten bestimmen das Bild. Im Hintergrund ist klein, aber deutlich, die Burg Stolzenfels zu erkennen.

Auch heute noch blickt Stolzenfels herüber – aber die Szenerie hat sich geändert. Quer durch das Tal zieht sich die Bahn der Bundesstraße 49 auf Stelzen bis zur Rheinbrücke und weiter auf die andere Seite. Deutlich sind auch die Verbindungsschleifen zur B 9 zu erkennen. Ein Hochhausblock steht dick im Mittelgrund und statt Landwirtschaft gibt es Wald.

Ein malerisches Bild bietet der alte Zollturm in Lahnstein mit Burg Lahneck auf der anderen Seite des Flusses. An der Kaimauer haben die Frachtkähne hintereinander festgemacht. Auf dem Foto nicht sichtbar liegt links vom Zollturm das bekannte Wirtshaus an der Lahn. Der Mann mit Zylinder ist möglicherweise Stephen Trotter, ein Begleiter von Francis Frith.[5)]

Der Zollturm ist etwas größer neu errichtet worden, auch Burg Lahneck steht noch, aber ansonsten hat sich viel geändert. Die Schiffahrt spielt nicht mehr die Rolle wie früher, am jenseitigen Ufer hat sich Industrie ausgebreitet und hoch über das Lahntal spannt sich die Brücke der Schnellstraße, die Lahnstein umgeht.

Vom gleichen Standpunkt aus zeigt dieses Foto den Blick über die Lahn flußabwärts und auf die Hänge der anderen Rheinseite. Auch hier bestimmen Kähne das Bild. Eine hölzerne Balkenkonstruktion führt über den Fluß. Auf der anderen Rheinseite ist Burg Stolzenfels mit der Kapelle zu sehen.[6)]

Statt der Lastkähne liegen hier heute ein Hausboot und Motorjachten. Die Stahlbrücke, die anstelle der Holzkonstruktion die Lahn überspannt, ist inzwischen altersschwach geworden und wird zur Zeit (1996) durch eine ähnliche, neue ersetzt. Burg Stolzenfels blickt über die Industriegebäude, die den Ort und die Kapelle auf der anderen Rheinseite verdecken.

Die Marksburg über Braubach. Der Bergfried war noch nicht wieder aufgebaut, die Burg noch nicht renoviert. Weinstöcke stehen an den Hängen und vor der verfallen wirkenden Kapelle reihen sich ärmliche Holzkreuze.[7)]

Die Marksburg ist inzwischen perfekt renoviert und Sitz der Deutschen Burgenvereinigung e.V.. Anstelle von Weinbergen bedecken Wälder die Berghänge. Auch die Kapelle ist schmuck herausgeputzt und Bäume verdecken den Braubacher Friedhof davor. Am Rheinufer steht ein mächtiger Kran als Relikt der zwischen diesen Aufnahmen liegenden großen Zeit des Braubacher Bleibergbaus.

Vor dem Bildstock am Straßenrand sitzt mit gesenktem Kopf eine junge Frau, wohl Mary Ann Frith. Obstgärten liegen vor dem Kloster in Kamp-Bornhofen, von der Bergspitze schauen Burg Sterrenberg und Burg Liebenstein herab. Die Szene wurde von Frith als Hyperion-Illustration gestaltet.

Gut 130 Jahre später stehen Häuser in den ehemaligen Obstwiesen, und der Baustil zeigt, daß es sich keineswegs um Neubauten handelt. Der Bildstock ist fast zugewachsen. Davor läuft die verkehrsreiche Bundesstraße am Rheinufer entlang. Die Burgruinen sind in unserem Jahrhundert renoviert. Nur der Turm der Klosterkirche wirkt fast unverändert.

1863 scheint der Hafen von St. Goar noch in Bau gewesen zu sein. Über der Stadt liegt die eindrucksvolle Ruine von Burg Rheinfels, die als die größte am Rhein bezeichnet wurde. Sie galt einst als uneinnehmbar, hatte sie doch 1255/56 einer Belagerung des Rheinischen Städtebundes von einem Jahr und vierzehn Wochen widerstanden.[8)]

Etwas höher und ein wenig nach links versetzt bietet sich dem heutigen Besucher aus einer Schneise im hohen Buschwerk ein ähnlicher Blick wie seinerzeit dem Fotografen. Die Burg hat ihr Aussehen nur wenig verändert, aber die Vegetation hat zugenommen. Im Hafen bestimmen Sportboote das Bild.

In St. Goarshausen auf der anderen Rheinseite bestimmen die zweispurige rechtsrheinische Eisenbahn und der im klassizistischen Stil erbaute Bahnhof den Vordergrund. Am Frachtschuppen sind zwei Güterwagen zu sehen. Ganz vorne der früheste Vorläufer von Internet und Datenautobahn: eine Telegraphenleitung.

Um den Bahnhof, der trotz seiner Erweiterung noch deutlich zu erkennnen ist, hat sich ein neues Stadtviertel von St. Goarshausen entwickelt. Statt zweier Güterwagen sind eine große Zahl von Autos zu sehen und dokumentieren den Wandel des Verkehrs. Am oberen Bildrand die vor rund 100 Jahren renovierte Burg Katz.

Oberwesel im Jahre 1863. Die Häuser liegen noch alle innerhalb der gut erhaltenen, mittelalterlichen Stadtbefestigung, deren runder Turm sich hoch über die Stadt erhebt. Zwei Kirchen sind die größten Gebäude innerhalb der Mauern und im Hintergrund trohnt die Ruine Schönburg auf der Kuppe. Als Zeichen der einsetzenden neuen Zeit läuft die Eisenbahn schnurgerade vor der Stadt entlang.[9]

Die Stadt hat sich nach gut 130 Jahren deutlich über ihre alten Mauern hinaus ausgedehnt. Die Bebauung hat die Weingärten am Stadtrand verdrängt und der alte Aufnahmepunkt liegt heute zwischen Einfamilienhäusern. Von erhöhtem Standpunkt aus hat man eine ähnliche Perspektive wie einst Francis Frith über Oberwesel und die inzwischen wiederaufgebaute Burg Schönburg.

Dies ist sozusagen der »Gegenschuß« zu der vorigen Aufnahme: Oberwesel von Süden. Die gotische Stiftskirche »Unserer lieben Frau« liegt vor der eigentlichen Stadt unterhalb der Ruine Schönburg, an deren Stelle wohl schon eine römische Befestigung gestanden hat. Auch die ungünstigen Hänge im Vordergrund sind mit Weinstöcken bedeckt.

Der Wald hat das Regiment übernommen und verdeckt fast den Blick auf die Kirche. An der Straße entlang hat sich die Bebauung zur Stadt hinaus entwickelt, während der gewachsene Autoverkehr nun über eine Umgehungsstraße im Ufervorland geleitet wird. In der Flußaue, die früher landwirtschaftlich genutzt wurde, ist ein Hafen entstanden. Burg Schönburg hoch über der Stadt beherbergt heute ein Hotel und Kolpinghaus.

Blick auf Bacharach von Süden. Im Jahre 1863 stehen die Häuser dichtgedrängt in den alten Stadtmauern. Die gotische Wernerkapelle, Ruine seit 1732, ist deutlich zu erkennen, während Burg Stahleck links außerhalb des Bildes liegt. Die Trasse der frisch gebauten Eisenbahn trennt die Stadt vom alten Klosterbau mit seinem Weingarten. Davor ist ein kleiner Hafen zu erkennen.

Die alten Weingärten und Obstwiesen, die Francis Frith noch einen freien Blick auf Bacharach erlaubten, sind von hohen Bäumen bedeckt. So läßt sich von einer kleinen Lichtung aus nur eine angenähert ähnliche Aufnahmeposition finden. Vom Bahnhofsgebäude ist im Vordergrund nur das Dach zu erkennen, dahinter jenseits der Gleise der Klosterbau und auf dem Rhein die heute bewaldete Insel.

Das »alte Haus« in Bacharach ist das einzige Foto in unserer Serie, das Francis Frith im Hochformat aufnahm. Das Haus mit seinem reich verzierten Fachwerk sieht etwas heruntergekommen aus. Teilweise fällt der Putz von den Gefachen und auch die einfachen Schlagläden könnten einen Anstrich vertragen.

Beeindruckend ist auch nach über 130 Jahren die Schärfe und Detailgenauigkeit der Fotos des Altmeisters Frith. So läßt sich zum Beispiel am Speicherfenster deutlich der Kranbalken ausmachen, an dem eine Rolle zum Hinaufziehen von Heu oder anderen Erzeugnissen angebracht ist. Passend dazu steht ein großer Leiterwagen vor dem Haus.[10]

Heute ist das Fachwerkhaus von 1368 als besonderes Schmuckstück unter den sehenswerten historischen Bauten von Bacharach herausgeputzt. Bis in die obersten Etagen sind die einfachen Glasscheiben der Fenster durch Butzenscheiben ersetzt. Die Läden wirken frisch gestrichen und zu den großen Weinstock am Haus kommen schmückende Blumen in Kästen und Töpfen.

Am Nachbarhaus links erkennen wir eine typische Veränderung unseres Jahrhunderts: aus dem Hausgarten ist eine Garage geworden, mit Terrasse obenauf.

Über dem Dörfchen Rheindiebach steht oberhalb der Weinberge die Burg Fürstenberg als Ruine. Als Frith sie 1863 fotografierte, gab es dort oben eine Art Pavillon mit Restaurationsbetrieb, der unter dem Bergfried zu erkennen ist. Auf den Rheinuferwiesen sind jenseits der kaum sichtbaren Eisenbahngleise große Leinenbahnen, wohl zum Bleichen, ausgebreitet.[11]

Der deutlichste Unterschied zur alten Aufnahme ist auf diesem Bild das dichte Buschwerk, das inzwischen den Schotterhang unter der Burg bedeckt. Das Muster der Weinstöcke jedoch ähnelt dem vor über 130 Jahren, wenn auch die Reihen heute längst nicht mehr so dicht gesetzt werden wie damals. Der Pavillon allerdings ist verschwunden.

Bemerkungen von Francis Frith zu seinen Fotos:

1) Rolandseck

»Nirgendwo am Rhein gibt es, glaube ich, auf einen Blick eine vollkommenere Schönheit und es ist wunderbar, wie das Auge ohne spürbare Anstrengung den Geist mit diesem Landschaftsbild füllt, entzückt und befriedigt. Man kann den grünbelaubten Vordergrund nicht schnell vergessen; er neigt sich in einer perfekten Rundung zu dem breiten, glänzenden Strom, der das grüne Eiland Nonnenwerth umspült und den Fuß des Drachenfels erreicht, und dann sicher zwölf Meilen lang in der Ebene sichtbar bleibt! – die malerischen Dörfer, das sich plagende Dampfschleppboot mit seinem Drachenschwanz von Lastkähnen, und die Berge des Siebengebirges, die sich in einer Gipfelkette vor dem weiten Himmel erheben.«

2) Leutesdorf

»Der alte Bootsmann, der uns im Zickzack über den Rhein zu dem gegenüberliegenden Dorf Leutesdorf ruderte, entrüstete sich ernsthaft über unsere Meinung zu seiner nautischen Taktik. Er hätte wahrscheinlich besser auf ein Floß gehört; denn es ist hier, bei Leutesdorf, wo die winzigen Flöße, die die kleinen Nebenflüsse hinabfahren, zu großen, schwimmenden Dörfern vereinigt werden, die den Niederrhein beschweren und beleben. Man würde es nicht glauben, daß es 30.000 Pfund kostet, ein Floß zu bauen und auszurüsten. An Bord sind oft 900 Menschen, und sie verbrauchen auf der Reise nach Dordrecht 50.000 Pfund Brot, 20.000 Pfund Frischfleisch, eine halbe Tonne Räucherfleisch, 12.000 Pfund Käse, eine dreiviertel Tonne Butter, 160 Scheffel Hülsenfrüchte, 100.000 Flaschen Bier und cirka 11.000 Flaschen Wein.«

3) Der Kran von Andernach

»Die Anfahrt nach Andernach ist malerisch: der große runde Kran mit seinem kegelförmigen, mit roten Ziegeln gedeckten Dach; die Ladearbeiten am Ufer; die schöne Flußbiegung mit ihrem fernen Rand von Pappeln, die hohen Giebel der Kirche; und der großartige alte Turm, der über den grauen Häusern der Vorstädte steht, ergeben ein herrliches Bild.«

4) Koblenz

»In Koblenz regnet es. Das ist die Erfahrung von jedem den ich kenne und der dort war. Ich behaupte, daß meine trüben Bilder dem Ort wahrhaft Gerechtigkeit widerfahren lassen, denn es gelang mir, von jeder Aufnahme einen nassen Rock und einen Schnupfen mitzubringen.« Aber Stephen Trotter hat Trost vor dem Wetter gefunden: – »Ich bedauere die drei Tage, die wir in Koblenz verschwendeten; sie wären unerträglich gewesen, hätten wir nicht die Behaglichkeit des Hotels ›Zur Traube‹ gehabt, und die sehr freundliche – ja, die außerordentlich freundliche Betreuung durch die bezau..., ich meine sehr interessante Tochter der Wirtin. (Was für ein fabelhaftes Englisch sie sprach – nicht wahr?)«

5) Burg Lahneck

»Das Lahntal ist sowohl lebendig als auch malerisch: der enge Fluß ist voller Schiffe, die meist mit Erz beladen sind. Oben auf einem steilen Hügel, der schroff ins Wasser abfällt, steht das Schloß Lahneck, eine richtige alte, graue Burg aus der Ritterzeit. Niemals habe ich einen so kleinen Winkel so übervoll mit malerischen Schönheiten gesehen.«

6) Lahnmündung

»In der Lahnmündung liegen zwanzig malerische Flußboote vor Anker – satte Flecken von Rot und Ocker; dahinter sieht man auf beiden Seiten des Flusses, der von einer hölzernen Pfeilerbrücke überspannt ist, die vielfarbigen Häuser des Dorfes Niederlahnstein«.

7) Marksburg

»Während wir (in Niederlahnstein) Sonnenschein und hitzige Schwüle genossen, schlug etwa fünf oder sechs Meilen weiter entfernt ein wildes Unwetter die Weinstöcke entzwei; noch am nächsten Tag fanden wir Hände voll Hagelkörner.«

8) Burg Rheinfels

»Auf dem Kamm einer hohen und schroffen Erhebung steht Rheinfels, bei weitem die ausgedehnteste Ruine am Rhein. Sie ist vielleicht mehr romantisch als malerisch – sie läßt eher an Ereignisse als an Schönheit denken; doch ihre Lage ist herrlich, und ihr gegenwärtiger Verfall ist ihre goldene Zeit. Ihre mit goldgelben Flechten bedeckten Mauern und die langen Wasserspuren unter der fensterreichen Fassade (fast wie Tränenspuren auf den Wangen des Alters) sind rührend anmutig. Und sie hat eine lange, ereignisvolle Geschichte; noch vor einem halben Jahrhundert drängten sich königliche Gäste in ihren Hallen, und ihre Wälle strotzten vor mörderischem Waffen.«

9) Oberwesel

»Die Lage der Stadt, die Flußansichten mit der sie sich so harmonisch vermischt und die verschiedenen berühmten Überbleibsel des Altertums sind alle zusammen ›echt rheinisch‹.«

10) Bacharach

»Eine Art bürgerlicher Antiquitätenladen. Es ist die älteste, seltsamste, graueste, und doch die malerischste Ansammlung von Häusern am Rhein. Wir haben die unvermeidliche Erwähnung der unvergleichlichen Schönheit der alten Rheinhäuser bis jetzt aufgehoben, um nun ein Bild zu machen. Nach unserem Urteil gibt es am Rhein nichts, auch nicht die Burgruinen, das so schön ist wie diese alten Fachwerkhäuser. Jedes von ihnen ist ein Kunstwerk, jedes von ihnen steht in einem anderen Winkel zu seinem Nachbarn, und hat zwei oder drei verschiedene Fronten.«

11) Fürstenberg

»Und jetzt, lieber Leser, ehe wir Abschied nehmen, wollen wir einen kleinen Ausflug machen. Ein ›Zweispänner‹ soll vor dem ›Hotel zur Post‹ vorfahren. Ein ›Postillon‹, mit tressenverzierter Uniform bekleidet und einem verbeulten Horn über der Schulter, mit einer Fülle von verbleichten Troddeln und Quasten, wird uns zu dem Weiler Rheindiebach fahren. Wir werden den senkrechten Hang hinaufklettern, der auf meinem Foto wie ein Hosenmuster aussieht, und wir wollen auf dem Gipfel des windigen Berges, im Schatten des hohen, dunklen Turmes von Fürstenburg miteinander essen.«

Bibliographie:

Ingrid Batori, GESCHICHTE DER STADT KOBLENZ VON DER FRANZOESISCHEN ZEIT BIS ZUR GEGENWART, Konrad Thiess Verlag 1993.

Francis Frith, THE GOSSIPING PHOTOGRAPHER ON THE RHINE, Frith & Co 1864.

Helmut Gernsheim, THE RISE OF PHOTOGRAPHY 1850-1880, Thames and Hudson, 1988.

Bill Jay, Victorian Cameraman, Newton Abbot 1973.

Joanna Talbot, FRANCIS FRITH, Macdonald & Co 1985.

Henry Wadsworth Longfellow, »HYPERION«, Henry Vizitelly 1850.

Henry Wadsworth Longfellow, »HYPERION«, Frith & Co 1864.

Henry Wadsworth Longfellow, LONGFELLOW'S »HYPERION«, »KAVANAGH« AND »THE TROUVERES«, edited by William Tirebuck, Walter Scott 1887.

SPURENSUCHE, Katalog zur Ausstellung »150 Jahre Fotografie – Stationen einer Entwicklung«, Ulrich Löbler 1989.

Allen, die mir geholfen haben, herzlichen Dank:

Meiner Schwester Margaret, die glaubte, daß ich »out of my tree« war, auf die verfallenen Weinterrassen zu klettern; Eva Ihrlich und Doris Klinger-Pomphrey für die Hilfe beim Text; Ilse und James Ellis und Eva Ihrlich für ihre Freundschaft und Gastfreundschaft; Heinz Nassau, Otto Kleber, Willi Eisenbarth und Wolfgang Horbert, immer behilfliche Archivare; John Buck vom Frith Archiv in England; Herrn Scheyer der uns auf sein Dach einlud; der unbekannten, jungen Hausfrau aus Bad Honnef, die so behilflich war; sowie Frau Dr. Charlotte Houben für die Überarbeitung der Texte.

David Swindell
Andover, England, 1996

Fotonachweise:

Francis Frith: S. 9, 12, 14, 16, 18, 20, 22, 24, 26, 28, 30, 32, 34, 36, 38, 40, 42, 44, 46, 48, 50
David Swindell: S. 17, 23, 27, 31, 33, 35, 41
Arne Houben: S. 13, 15, 19, 21, 25, 29, 37, 39, 43, 45, 47, 49, 51
Frith Archiv der Fa. Frith & Co.: S. 6, 10

RHEIN - MOSEL - VERLAG
A. HOUBEN RÖMERSTRASSE 6 56867 BRIEDEL TEL. 06542/5151 FAX 06542/61158
Literatur vom Lande und Sachbücher aus der Region Rhein - Eifel - Mosel - Hunsrück
Erhältlich im Buchhandel oder direkt beim Verlag
Josefine Wittenbecher
De Grußvadder
Armin Peter Faust
DIE MOSEL
Reise- und Touristikführer
+ untere SAAR
Anton Bernard
Eiko Donay
Albert Bauer
Hagen von Troneck
Gerd Bayer
Arm aber ziemlich glücklich
Clara Viebig
Vom Müller-Hannes
Christiane Fuckert
Ein Hauch von
Uwe Anhauser
Sagenhafter Hunsrück
Geschichten und Geheimnisse zwischen Mosel, Nahe, Saar und Rhein
Roman aus dem Hunsrück
Clara Viebig
Das Weiberdorf
Roman aus der Eifel
Georg Giesing
Fluchtweg Baybachtal
Hunsrück 1943/45 - Ein Mann wird gejagt
Peter Zeutzheim flieht vor Gestapo und Dorfpolizei
Kindheit und Jugend im
CLARA VIEBIG
DIE GOLDENEN BERGE
Außerdem produzieren wir im Auftrag:
Dorfchroniken, Gedichtbände, Kataloge, Heimatbücher